DOUZE POÈMES
POUR FRANCESCA

GABRIEL MATZNEFF

DOUZE POÈMES POUR FRANCESCA

LA TABLE RONDE
40, rue du Bac, Paris 7e

Il a été tiré de cet ouvrage 20 exemplaires sur Vélin chiffon de Lana numérotés 1 à 20 et quelques exemplaires hors commerce, le tout constituant l'édition originale, sauf en ce qui regarde la première partie, imprimée en 1977 par Local Property and Printing Co. à Hong-Kong, pour le compte d'Alfred Eibel, éditeur à Lausanne, et tirée à trois cent cinquante exemplaires sur papier de Chine, numérotés et signés par l'auteur, plus quelques exemplaires hors commerce réservés aux amis de l'auteur.

PRÉFACE

Un romancier qui se mêle d'écrire des poèmes, voit ses vers accueillis avec dédain par les poètes professionnels qui, dans les rubriques spécialisées ès-poésie, se renvoient syndicalement l'ascenseur, et que Claude Michel Cluny appelle les Roux-Combaluzier du Parnasse. Lorsque ces types vous déclarent d'un ton docte, ou aigre, qu'ils préfèrent votre prose à vos vers, cela signifie que vous êtes un impertinent de vous aventurer dans un domaine qui leur est réservé, dans une chasse gardée, et que vous seriez mieux inspiré de vous resserrer dans le genre qui est le vôtre.

On peut, en effet, être un prosateur étincelant et n'écrire que des vers de mirliton. Néanmoins, en ce qui me regarde, quand j'aime un auteur, tout chez lui m'intéresse, le sublime comme le mirliton, et le moindre fragment me captive autant qu'un roman de trois cents pages. Certes, dans une œuvre, il y a des réussites inégales, des livres ratés. Il demeure qu'un écrivain, c'est une sensibilité soutenue par un style, un univers singulier, et que cet univers, cette sensibilité, ce style se retrouvent dans chacun de ses ouvrages. Par-delà les genres et les thèmes, il existe une continuité émotionnelle, une source unique.

Je sais qu'une des faiblesses de mes vers est leur clarté. Cependant, qu'un poème soit — apparemment — limpide ne signifie pas qu'il a été écrit au fil de la plume. La transparence trahit parfois la facilité, la paresse, mais elle peut aussi exprimer la maîtrise, et la pureté. A l'opposé, l'hermétisme n'est pas un synonyme de la musicalité de la langue, et certains poètes sont ensemble obscurs et discordants. Au demeurant, il y a plusieurs écoles dans la maison d'Erato, et chacune a son mérite. J'admire la sophistication de Mallarmé ; j'admire semblablement la naïveté de cette chansonnette (dont je vous laisse découvrir l'auteur), si simple, et pourtant si juste de ton et de sentiment, si poignante :

> Ah ! mes amis ! ah ! mes amantes !
> Où êtes-vous partis sans moi ?
> Quand vos visages me tourmentent,
> Pourquoi n'entends-je plus vos voix ?
> J'étais enfant de la chimère,
> Je rêvais de ciels inconnus,
> Et j'ai fait le tour de la terre,
> Sans jamais atteindre mon but.

Si inventifs que soient les amants, les gestes de l'amour sont limités. Les mots de l'amour le sont aussi. Dans mes poèmes d'amour, qui, à l'origine, étaient des lettres de drague ou de passion, adressées à de jeunes personnes du sexe que je désirais séduire ou dont j'étais déjà l'amant, il y a des images, des métaphores, qui reviennent de façon obsessionnelle. Ces répétitions m'ont sauté aux yeux quand j'ai rassemblé mes poésies éparses, en vue de ce recueil. Si je les ai conservées, ce n'est point par négligence, mais par souci de vérité : ces poèmes sont, dans le procès sans fin que la société instruit contre Don Juan, un document à verser au dossier de l'accusation. Les lecteurs, et surtout les lectrices, y prendront le séducteur en flagrant délit d'imposture, usant toujours des mêmes mots, des mêmes ficelles, des mêmes trucs donjuanesques, qu'il parle à des adolescentes qui furent de vraies passions, ou à des filles qui n'ont fait que passer dans son lit, ou à des créatures à peine entrevues. Ce livre est une confession inavouable, car l'homme des sincérités successives s'y révèle l'homme du perpétuel mensonge.

Les rarissimes personnes qui s'intéressent à l'alchimie de la création, compareront les manières dont j'ai utilisé le souvenir de l'aurore de mes amours avec Francesca, poétiquement dans le poème *Ile Saint-Louis,* et romanesquement au chapitre 14 de *Ivre du vin perdu* : c'est le même sujet, mais ce n'est pas le même tableau. Quand paraîtra mon journal intime d'août 1973, on y lira les mots griffonnés hâtivement dans mon carnet noir, qui constituent la première des trois versions de cette scène, la mémoire à l'état brut. La version romanesque est la plus élaborée, la plus savante dans sa construction, la plus achevée littérairement. Le poème *Ile Saint-Louis,* écrit à partir des notes du carnet noir, quelques jours après que j'ai vécu ces heures de félicité avec Francesca, se situe à mi-chemin du journal intime et du roman. On est libre de préférer, selon ses goûts, telle ou telle version ; mais dans les trois textes il s'agit d'une même Francesca, d'un même Gabriel, d'un même cœur, d'une même encre.

Ce livre comporte quarante-deux poèmes. Les douze premiers — qui donnent son titre au recueil — ont été publiés en 1978 à un tirage exotique et confidentiel. Imprimé à Hong-Kong pour le compte d'un éditeur suisse, écrit par un romancier français d'origine russe, inspiré par une lycéenne parisienne née de père anglais et de mère italienne, cet ouvrage de luxe a, dès sa mise en vente, été promptement dispersé autour du globe. Des exemplaires de ce bel objet, broché à la chinoise, cousu à la main, orné d'un portrait de Francesca à l'âge de quinze ans, figurent dans des bibliothèques particulières à Rome, à Manille, à Los Angeles, et même à Paris. C'est aujourd'hui un livre introuvable, une rareté.

L'édition de 1984 est inédite pour plus des deux tiers, puisque, outre les douze poèmes de Hong-Kong, elle contient trente poèmes inédits, ainsi qu'une préface et une postface, également inédites. Quatre de ces nouveaux poèmes sont, eux aussi, adressés à Francesca, — l'incomparable Francesca. Un cinquième m'a été inspiré par mon ex-femme, « ma morale Clytemnestre », Tatiana. Vingt-quatre autres par diverses adolescentes et jeunes femmes que, rendu à mon démon donjuanesque, j'ai connues après ma rupture avec Francesca.

Quatre poèmes ont été écrits pendant la guerre d'Algérie *(Val de Grâce, Pâque, Une nuit à Césarée, El Djezaïr)* ; trente-huit entre 1973 — qui est l'année où je suis devenu l'amant de Francesca — et 1979.

P.S. Le mercredi 20 octobre 1982, une machination politique et policière me précipitait dans un scandale de ballets roses et bleus. Ce matin-là, deux inspecteurs de la Brigade des stupéfiants et du proxénétisme faisaient irruption chez moi, me mettaient en garde à vue, perquisitionnaient avec une courtoisie qui n'excluait pas la méthode, ouvrant mes tiroirs, lisant les lettres de mes petites amoureuses, lorgnant leurs photos, flairant mes manuscrits, puis m'emmenaient, tel un malfaiteur, au Quai des Orfèvres. Promptement innocenté par la police, et ayant chargé Me Thierry Lévy de poursuivre pour dénonciation calomnieuse le diffamateur qui prétendait m'avoir vu me livrer à des galipettes délictueuses dans un lieu où je n'avais de ma vie jamais mis les pieds, je n'en ai pas moins été, durant des semaines, traîné dans la boue par des cabaleurs acharnés à me nuire et ravis de mêler mon nom à une sordide histoire de trafic d'enfants débiles et de photos pornographiques. Il s'agissait pour eux de régler son compte à l'immoraliste, au don juan, à l'ancien élève de « nos maisons » qui ne jouait pas le jeu de sa classe, à l'écrivain trop brillant qui se tenait à l'écart du monde des lettres, à l'esthète anarchisant aux opinions politiques en caracole, à l'homme seul que ne protégeait aucune coterie, aucun parti, aucune secte. Il s'agissait pour eux de me détruire socialement, de me déshonorer, de me contraindre à me tirer une balle dans la tête.

Ce fut une période affreuse, où j'ai vécu — *survécu* serait plus juste — dans le malheur, et aussi la solitude, car le Paris littéraire et mondain a donné, en cette occasion, la pleine mesure de sa férocité, de son indifférence et de sa lâcheté. Si je n'ai pas sombré, ce fut grâce à la nécessité d'établir l'index de *l'Archange aux pieds fourchus* et de mettre au point le manuscrit de *Douze poèmes pour Francesca* ; grâce aussi à la présence vigilante et tendre de mes jeunes amantes. L'une d'elles se confondait d'ailleurs avec le livre : Marie-Elisabeth, que j'ai connue lorsqu'elle avait quinze ans, et qui m'a inspiré quatre des poèmes qui composent ce recueil. Une nouvelle fois, l'écriture et l'amour allaient être pour moi les plus sûrs remparts contre le désespoir ; les anges gardiens qui exorcisent dans mon cœur la tentation de la mort.

PREMIÈRE PARTIE

Je suis votre enfant chérie, votre maîtresse-
écolière, votre toute petite fille, et pourtant,
quand vous êtes nu et désarmé près de moi,
quand vous dormez et que je veille, quand la
tête sur ma poitrine vous reposez, je voudrais
vous protéger, j'ai peur pour vous, j'ai peur des
autres, des gens qui écrivent des méchancetés
sur vous, qui font des commérages à votre
sujet, j'ai peur qu'ils ne vous blessent et je
veux vous faire un rempart de mon amour.

Notre amour est tellement beau et tellement pur que c'est affreux de penser que
quelqu'un (ma mère par exemple) puisse
croire que nous faisons le mal. Gabriel, je
vous aime, je vous aime, vous êtes mon
royaume, rien d'autre n'existe que vous et
moi.

Lettre de Francesca à l'auteur,
citée dans *les Moins de seize ans.*

Val de Grâce

Phrases disloquées brisées comme la flèche

Que plus jamais il ne lancera

Une balle lui a troué la tête

Vingt et un jours dans le coma

Il s'est réveillé aveugle et fou

Chevalier de la Légion d'honneur

Votre médaille mon général si vous saviez comme il s'en fout

Le guerrier terrassé l'innocent baroudeur

Dehors c'est la rue Saint-Jacques

Et les vivants

Les gamins qui vont en classe

Et les filles de seize ans

Mon camarade mon camarade

Je t'appelle en vain dans la nuit

Je suis resté seul sur la rade

Je hais ces cercueils et je hais cette pluie

Ta première lettre

Pouliches arc-en-ciel mes pensées galopent vers toi

Mon cœur frappe l'herbe de ses sabots

D'où jaillissent des fleurs écarlates

Ta photographie est sur la table de travail

Parmi les feuillets de mon manuscrit

Tu me fixes de ton regard étoilé

Mais si je ferme les yeux je ne cesse pas de te voir

Tu es en moi comme une perle dans un coquillage

Tu es en moi comme une flamme dans la nuit

Ta lettre reçue ce matin

La première lettre que je reçois de toi

Je pose ma bouche sur les doigts qui l'ont écrite

Je pose ma bouche sur chaque page sur chaque mot

Ne crains rien mon enfant chérie

Personne ne nous fera du mal

Je veux que tu sois heureuse

Serre ta joue contre ma poitrine

Je serai bientôt de retour

Et le bonheur nous armera

Comme une cuirasse étincelante

Ile Saint-Louis

Sur les pavés inégaux nous sommes assis

Mon dos contre la pierre râpeuse

Ta tête sur mes genoux

Pointe de l'île Saint-Louis

Deux jeunes filles blondes regardent l'eau grise

Où des clochards lancent d'invisibles hameçons

Avec ses Anglaises cellulitiques

Le bateau-mouche se prend pour la baleine biblique

Et Jonas dans son haut-parleur

Raconte l'histoire de Paris

En hébreu en péruvien et en russe

La pluie

La douce pluie d'août

Fait des ronds dans la poussière

Et les arbres agitent leurs ailes

Comme s'ils voulaient s'envoler

Les gouttes d'eau emportent

La poudre d'or de tes paupières

Trésor de la Sierra Madre

Je bois cet or je bois cette eau

Je bois la vie sur ta bouche

Penché vers toi comme une source

Tes lèvres tendrement gonflées

Tes dents si blanches tes dents de lait

Ta langue plus fraîche que la pulpe d'un fruit

Des jardins du paradis

Sous ta chemise de boy-scout

Bleu foncé boutons de cuivre

Qui Dieu merci se déboutonnent sans trop de difficulté

Ma main apprivoise ton cœur

Mon enfant de chœur

Tout à l'heure nous irons à l'église

Saint Gervais saint Protais priez pour nous pauvres pêcheurs

C'est à toi que je me confesserai

Et non à l'abbé Mitre

Nos baisers seront notre Gloria

Notre Pater notre Ave Maria

Mais c'est au bord de la Seine

Que je t'ai embrassée pour la première fois

Tu gardais les yeux ouverts

Tu m'interrogeais en silence

Et tes bras autour de mon cou

M'étaient une corolle ensorcelée

Les cent huit marches

Un grenier au sixième étage

Ancien couvent des Ursulines

Dehors le soleil tape

Sur la ville pelote d'épingles rouillées

Pâté de mannequins verdâtres

Méchants nauséabonds c'est Paris

La porte est close et les volets

L'ombre vénitienne nous enveloppe

Ici nous sommes invulnérables

Mon écolière mon amante

Ce blockhaus n'est qu'un placard

Mais la clarté laiteuse du drap nu

Rayonne autour de nos corps mêlés

Telle la blancheur thaborique

Des icônes de la Transfiguration

Bientôt la rentrée des classes

Tu viendras chez moi moins souvent

Je ne guetterai plus le cœur en chamade

Ton pas buissonnier gravissant

Les cent huit marches caracole

Je ne te verrai qu'entre deux cours

A la sortie de l'école

Et aussi entre deux mensonges

A ton papa à ta maman

Tu as quinze ans j'espère

Ne pas en écoper autant

Sur les bancs de la Correctionnelle

Ce serait long si tu savais

Comme tout ce qui n'est pas toi me tue

D'exaspération et d'ennui

Alors vite vite mon faon ma joie

Il n'y a pas un baiser à perdre

Je savoure chaque parcelle de ta peau brune

Ô tiédeur ô douceur ô parfum

Tes lèvres tes épaules tes seins

Ton dos tes cuisses et ton ventre enfantin

Je pénètre en toi

Francesca

Ta main si petite dans la mienne

M'arrache à la nuit où j'étais emmuré

Oubli des heures affreuses

Aube qu'emperle la rosée

Grotte baptismale du paradis retrouvé

Pâque

Pâque sainte Pâque mystérieuse Pâque immaculée
Fête des fêtes et solennité des solennités

Seule époque de l'année où je crois en toi Christ sauveur
La printanière nuit pascale est d'une étrange douceur

Le ciel est sur la terre et les cierges sont les étoiles
Tenues par les anges annonciateurs de la résurrection
[triomphale

Trois fois la procession a fait le tour de l'église
Avant que de la Pâque russe le tropaire retentisse

Christ est ressuscité des morts par sa mort il a vaincu la mort
A ceux qui étaient dans les tombeaux il a donné la vie chantent
[très fort

Et très haut le clergé le chœur le saint peuple orthodoxe

Tous emplis de cette joie ineffable dont parle Séraphim de
[Sarov

Puis nous échangeons le salut et le triple baiser

Ô fête des fêtes et solennité des solennités

Mais pourquoi la tristesse monte en moi comme la mer

Nous ne sommes pas vendredi et ce n'est pas le christophore
[suaire

Que je baise avant le noir ensevelissement

Mais les joues roses de Tatiana et d'Ivan

Alors pourquoi mon Dieu cette brusque envie de pleurer

Cette sensation de vide de solitude et de pauvreté

C'est que malgré tout malgré tout tu es loin de moi

Seigneur et que le peuple russe est resté sur la croix

Pour lui pas de troisième jour et ça fait si longtemps

Qu'il est accroché là-haut affamé et sanglant

Russie ma pensée profonde mon inconnue ma lointaine
De la souffrance coule dans mon cœur la Néva souterraine

Dont les eaux brûlantes et poisseuses me réveillent la nuit
J'ai ton sang sur mes mains et ma bouche a tes cris

Rédempteur aux cheveux de fille on t'a vu autrefois marcher
                                    [sur le Kremlin
Ta robe flottait au vent et tu tenais une rose rouge à la main

Aujourd'hui je ne sais plus où tu es je ne sais même plus si tu
                                    [existes
Dieu des tendresses humaines et des douleurs Jésus-Christ

Lesbos

Mon amant roule en voiture
Il roule aussi les mécaniques
Ça se lit sur sa figure
C'est un jeune cadre dynamique

Mon amant parle fort
Il sent le scotch et le tabac
La politique les femmes le sport
Il ne connaît que ça

Mon amant aime les histoires de fesses
Et il regarde la télé
Il s'est abonné à *l'Express*
Pour savoir ce qu'il doit penser

Mon amant est dans l'import-export
Il va au bureau chaque matin
Il téléphone à Londres à Francfort
Il a une secrétaire des copains

Mon amant est un imbécile
Un phallocrate satisfait
Il se croit irrésistible
Moi je vais le cocufier

Mon amant a une sœur
Elle est en seconde au lycée
Elle a quinze ans elle a un cœur
Et comme sa peau est veloutée

Elle échappe à sa famille
Pour se dorer sur ma terrasse
Ronronne quand je la déshabille
Et soupire quand je l'embrasse

Ma petite fille ma complice
Tes seins sont des jattes de lait
Et au plus secret de tes cuisses
Je me perds pour me trouver

Ton corps est frais comme une pomme
Et tes joues ne piquent pas

Après toi plus jamais un homme
Ne me tiendra dans ses bras

Ma moins de seize ans mon ivresse
Tu partiras avec moi
Pour le royaume de la tendresse
Où les adolescents sont rois

Nous tournerons sans regret le dos
A l'univers débile des mecs
Des mâles des macs des maquereaux
Au corps rugueux et au cœur sec

Mon amant ouvre *le Monde*
A la page économique
Il bourre sa pipe nauséabonde
C'est un jeune cadre dynamique

Ta voix jaillit...

Ta voix jaillit comme le Christ du tombeau

Le fil qui nous relie est une tige de rose

Ses racines sont mon cœur et la fleur c'est toi

Orphée dépossédé il neige aux Enfers

C'est Pâques pour chacun et je demeure en croix

Je hais ce linceul blanc où m'ont enseveli les myrrhophores

Je hais ces flocons le silence de cette ouate idiote

Je hais ces gens qui te tutoient

Je hais ce type venu te chercher pendant que je te téléphonais

Je me sens rejeté exclu une fois déjà

L'amour est mort au creux de la montagne

Tu ris tu t'amuses tu danses loin de moi

Mon infante mon Eurydice ma lointaine

J'ai besoin de tes lèvres j'ai besoin de tes seins

J'ai besoin de toi mon amante perceneige

Une nuit à Césarée

Les dieux morts jouent de la flûte

Avec Isis des ballets de toutes couleurs

Dansent les satyres des mosaïques

La mutilée Diane chasseresse

Échange son arc contre un fusil mitrailleur

L'aigle tâche en vain d'enlever Ganymède

Il ne peut pas car le temps lui a rogné les ailes

Il sue à grosses gouttes le pauvre

Mais à cause des plumes ça ne se voit pas

Au pied du phare désormais inutile

La mer des carènes romaines et des rêves

Apporte aux vivants l'odeur salée du monde antique

Sur la place un chat fellagha

Queue en forme de croissant

Yeux verts et rouges

Se moque du couvre-feu

Il ne craint ni la magnéto ni la baignoire

Ni d'être emmené à la corvée de bois

Mon enfant que ta peau est douce

Toi si petit si petit

Que ton corps est lourd dans mes bras

Ici c'est la guerre mais au ciel

Les étoiles ne le savent pas

Les îles fortunées

Dans tes bras une nuit de juin
L'eau vivante jaillit de la vasque
Une flûte chante dans le lointain
C'est l'heure parme où je me démasque

Embarquons-nous ce soir
Vers les îles fortunées
Flots caressants tombeau noir
Nous ne reviendrons jamais

Couchés au fond de la barque
Serre-moi bien fort sur ta poitrine
Nous n'aurons pas peur des Parques
Ni des profondeurs marines

Dans le royaume de la nuit
Mon enfant mon destin mon mystère
Entrons bercés par le bruit
Voluptueux et doux de la mer

Dix-sept ans

La pâleur laiteuse des perles

Sur ta peau

L'or et la nacre flottent

Languissamment

Autour de tes jeunes seins

La flamme vaporeuse du cierge

Éclaire

Ton corps adolescent

Et moi comme la flamme je te lèche

Je te brûle et t'enveloppe

Ma bouche mes mains mon sexe

Dansent pour toi tels des feux follets

Je m'enivre de ta chair

Je te savoure éperdument

Mon tendre pain d'épice

Mon enfant sauvage

Mon chaton parme

Mon abîme

Ma terre vierge

Tu te nourris de ma salive et de mon sperme

Comme la mousse des bois de la pluie fraîchement tombée

Tu as eu quinze ans et puis seize

Demain tu en auras dix-sept

Les mille et mille heures d'amour

Que nous avons vécues enlacés

Sont notre réponse à la peur

Sont notre réponse à la mort

Ta langue amoureuse lovée à la mienne

M'émeut comme au jour de notre premier baiser

Jamais je ne cesserai de t'aimer

Je suis fou de toi Francesca

L'anniversaire des amants

Deux ans mon dieu c'est une longue histoire

Les caresses du matin et les baisers du soir

Que de battements de cœur et de marches gravies

Que d'étreintes bienheureuses que de larmes aussi

Que d'attentes que d'angoisses que de courses éperdues

Eurydice et Orphée l'un à l'autre rendus

Le diable est mort et l'amour est vainqueur

Ton sourire ton regard tes lèvres sur mon cœur

Chaque fois que je t'embrasse c'est la première fois

Je tremble de désir et de fièvre et de joie

Ma petite fille mon amante ma voie lactée

Ton corps et mon corps sont à jamais soudés

Nos années à venir sont des années-lumière

Les anges et les étoiles fêtent notre anniversaire

Nativité

Mon enfant du grand silence blanc

Mon enfant du grand amour

Toujours le Christ mêlé

Douloureusement

A tes absences immaculées

Toujours ce chemin de croix dans la neige

Ces pas près des tiens qui ne sont pas les miens

Toujours cet espace glacé entre toi et moi

Mon attente pétrifiée statue de sel

Et le courrier qui n'arrive pas

Non le Christ du bœuf et de l'âne gris

Non le Christ de la tendresse émerveillée

Mais le Christ de la solitude et de l'angoisse

Jardin des Oliviers

Ton absence perle en moi comme des gouttes de sang

Roi mage dépossédé de son étoile

Mon dieu mon tendre dieu d'or pâle

J'ai hâte de renaître dans tes bras

DEUXIÈME PARTIE

> Sua passion predominante
> E la giovin principiante [1].
>
> *Don Giovanni*

1. Sa passion prédominante est la jeune débutante.

Anne

Le vélo d'Anne s'est envolé

Géronimo part sur le sentier de la guerre

Les petites filles de l'impasse

Chantonnent ce n'est pas nous ce n'est pas nous

Mais leur nez remue le traître

Silencieux les mains dans les poches

Les garçons de la cité Saint-Yves

Regardent passer l'expédition punitive

L'agneau pascal

Entre les pommes de terre et les tomates

Tel Jésus parmi les docteurs

Sort du four

Alexandra tricote au point mousse

Une redingote pour le chat

La maison de Paul et Carol c'est la caverne d'Ali-Baba

La baignoire est dans le potager

Les écrans multicolores poussent le long des murs

La lampe rouge

Éclaire le beau émouvant visage d'Anne

Qui penchée sur le révélateur

Voit les bonheurs inconnus

Surgir du liquide de cristal

Marie-Claude

Tu as quatorze ans

Parmi ces crétins qui nous encerclent

Peaux blanchâtres voix larvaires ventres mous

Tu es une princesse en exil

Moi je suis l'or qui pare tes oreilles et tes doigts

Je suis la glace qui fond sur le rose nacré de ta langue

C'est le jeudi premier juin que je t'ai vue pour la première fois

J'aime l'intensité froide de ton regard

J'aime tes airs d'enfant gâtée que rien ne saurait émouvoir

J'aime l'ironique nonchalance de ta voix

J'aime la fraîcheur impétueuse de tes seins

Lorsqu'ils pressent tendrement ma poitrine

Je hais cette foule ce bruit quand serai-je seul avec toi

Laetitia

Hôtel Hilton dix-neuf septembre

Parmi les émirs fumeurs de cigares

Et les petits fours pro-palestiniens

Je ne vois que tes yeux ta bouche

Eau lustrale

Depuis lors ton visage me visite la nuit

Et en rêve je me désaltère

A la source fraîche de tes baisers

Florence

Chez le Chinois de la rue de Tournon

Barthes bouffe son riz avec des baguettes

Je suis seul

Ton visage simulacre flotte

Sibyllin devant mes yeux

Florence opale icône

Insaisissable je murmure

Ton nom sur tes lèvres absentes

Ma bouche enfin audacieuse

Ose boire le miel de mai

J'imagine les mots que j'aurais pu

Te dire hier je ne voyais que toi

Coquillage saphir et nacre

Mon cœur battait la pourpre

Chamade les piaffeurs

Chevaux de Carpeaux dormaient encore

Ta voix sortilège épiphanique

Jaillissait pourquoi n'ai-je

Posé ma main sur la tienne

Exilé de ta présence je griffonne

Ce poème inutile porte Maillot

Où je t'ai pour ma douleur rencontrée

L'amour c'est l'attente aux ailes déchirées

Isabelle

Quatre heures trente du matin

New York Paris ta voix

Mon infante étoile

Au téléphone toujours me surprend

Brise l'opacité mille éclats

De lumière et ma solitude

L'absence un instant abolie

Toi ta peau mon sexe et la coquille velours de tes cuisses

Magie électrique soudain restituée

Mon amante énigmatique

Tantôt tendre et tantôt aspic

Sans cesse je me prépare à ta disparition

Je ne t'imagine pas amoureuse de moi

Nathalie

Supplice d'être si près de vous

Sans pouvoir serrer votre corps contre le mien

J'étais jaloux des cristaux blancs de ce sucre idiot

Qui fondait distraitement sur votre langue

J'étais jaloux de vos deux pages

Amoureux Marthe et Tatienne

J'étais jaloux du bracelet d'argent

Autour de votre enfantin poignet

J'étais jaloux de la pluie

Léchant votre peau de miel brun

J'étais jaloux du chandail vert pâle

Qui me dérobait vos épaules et vos seins

Depuis ce jeudi d'avril

Je n'ai cessé de penser à vous

Ma lycéenne inconnue

Aujourd'hui enfin j'ai pu

Dévorer la terrible beauté de vos yeux

Mais vous impénétrable

Toujours vous regardiez ailleurs

Francesca

Chaque jour est un onze août

Chaque jour je te rencontre pour la première fois

Mon enfant ultime

Buisson ardent

Ton visage théophanie ma chaleur ma lumière

Ton absence me rend à ma nuit

Quatre heures du matin il fait froid rue Ampère

Et ce taxi qui n'arrive pas

Remonter chez ta mère absente (Dieu est avec nous)

Me lover au creux de ton lit de petite fille

Douceur parfum de tes cuisses

Mon enfant parme mon chaton tiède en peluche

J'ai besoin de tes seins contre ma poitrine

De ta joue sur mon ventre de ma force au secret de tes reins

Francesca

Demain à la sortie du lycée

Nous irons chez Pons acheter des marrons

Tu ôteras leur habit d'or

Et tel Mitrounet amoureuse hostie

Leur glace fondra dans ta tendre bouche.

Francesca

Boul Mich crasse vulgaire et moite

Soudain la silhouette unique

Cette jeune femme

Noire

Jupe noire lunettes noires

Mon amante mon aimant mon irreligieuse mante

Qui porte le deuil de notre amour

Et de ses quinze ans

Elle tient mon cœur dans sa bouche

Mon cœur qui a cessé de battre en la voyant

Elle le recrache dans le caniveau de la rue de la Harpe

Entre les vomissures des clochards et les bouteilles brisées

Tu as la peau si douce mon amant soleil et ton odeur de lune

A murmuré cette bouche sur la mienne

Dans la cabine vitrée Freud téléphone

Le super gourou barbu de la mauvaise conscience occidentale

Il téléphone le petit père Freud

Ampère Médicis zéro zéro zéro

« La psychanalyse est l'expérience du deuil »

Oui c'est bien cela

Le désespoir l'humiliation et le deuil

Tu t'enfuis foulant haineusement le sol

De nos premiers rendez-vous émerveillés

Moi rue de la Harpe statue de sel

L'escalier caracole sera désormais vide de ton pas buissonnier

Mon amour mon tendre amour je suis fou mais innocent

Et si je suis coupable il faut donc que je meure

Je voudrais mourir le visage entre tes cuisses entre tes seins

Mon plaisir et ma vie engloutis par tes bouches

Je t'aime je t'aime jusqu'à la fin des temps

Francesca

Le bonheur jaillissait de mes reins

Notre lit nacelle enchantée

La passion nous étions deux

Je suis seul à présent

Clinique

Désert des draps blancs

Mes reins en flammes

La douleur folle je gémis je crie ton nom

Francesca

La porte s'ouvre mais ce n'est pas toi

Plus jamais ce ne sera toi

La mort est une infirmière

Piqûre gouffre piqûre oubli

Sable désormais inutile de ma vie

Te souviens-tu de notre première nuit

Je voudrais cesser de souffrir

Anne

La croix du Christ

Reposait à la naissance de vos seins

Des gouttelettes d'eau

Scintillaient sur vos épaules

Vous avez levé vos yeux sur moi

Vous avez prononcé mon nom

Je n'oublierai pas notre rencontre

Fugace du premier mai

Ni votre visage si près du mien

Ni la balle de ping-pong faisant

Son battement de cœur entre vous et moi

Ni l'éclat brumeux du soleil

Dans la pâleur du ciel

El Djezaïr

Le paquebot gronde sous moi

Comme une fille en colère

Comme un canon SR

La mer chatte fait le gros dos

Le mare nostrum danse la danse du ventre

Couché dans ma cabine rez-de-chaussée

Sous le regard fixe du hublot

Je songe à l'Afrique qui s'éloigne

A l'Europe anémique et hostile qui grandit

J'ai envie de chialer

Laurence

Ta présence silencieuse

Mon ange gardien aux yeux clairs

Ta gravité paisible

Et ton attentive douceur

Me rendent à ma part la plus haute

Nostalgie diaprée de l'absolu

Le temps passe

Pourtant je ne veux pas croire

Que jamais ton corps ne fera sa chaleur contre le mien

Aujourd'hui tu étais si proche

Je sentais battre ton cœur

Ma jeune icône de la tendresse inaccessible

Je suis devant toi comme devant Tadzio est

Le vieil Aschenbach dérisoire

Inutilité de l'écriture et de la souffrance

Laurence

Les nuages cavalcadent

Escadron noir

Dans le ciel mouvant de l'été

Ta bouche ta tendre bouche contre la mienne

Colombe ardente du bonheur

Me réconcilie avec la vie

Il y a si longtemps que je t'aime

Ne disparais pas je t'en prie

Laurence

Mon amour cruel c'est toi qui me reproches

De quitter le tu pour le vous

Mais qui a choisi l'absence

Qui m'a noyé dans le traître Léman

Eau limpide de ton œil implacable

Qui a rompu le fil d'or de nos baisers

Au creux tiède et doux de tes seins

Ma tête si lasse de la douleur d'être

Se reposait en confiance

Qui a rendu l'autre à l'exil

Laurence j'ai trop froid loin de toi

Pauline

Aujourd'hui je ressuscite entre tes bras

Seigneur ne me rejette pas loin de ta face

Je bois sur ta peau le sel de notre complice mer djerbienne

Sache ma sirène que je suis amoureux de toi

Cet homme qui veut t'enlever je hais le dix-sept avril

Je ne suis qu'un passager clandestin

Caché dans un placard à poète

La nuit je sors à l'aventure

Ma Pauline amante planète inconnue

Tel un soleil en fleur

Mon désir dans ta bouche se gonfle

Maria

Le cierge qui brûle devant le Bouddha d'or

Troue l'obscurité propice

Sur les draps ton doux visage

Reflète la clarté dansante de la flamme

Ta bouche ronde tes dents lactées

Un an un an déjà que je me lustre

Aux sources fraîches de ton corps

Ta tendresse paisible m'enveloppe

Comme un manteau de velours piqueté d'étoiles

Auprès de toi je cesse d'être écorché vif

Les angoisses s'évanouissent et le malheur

Tu me rends la joie d'exister

Agnès

J'aime tes yeux étonnés d'être là

Lorsqu'ils se posent sur mon visage

J'aime le soir qui tombe sur nos corps enlacés

J'aime partir à la découverte

Blonde de ton corps

Où je pénètre par effraction ma complice

Agnès j'aime

Ma grandissante ivresse de toi

Et tes tendres seins qui me délivrent de l'angoisse

Ce fil d'or entre toi et moi

Aucun de nous j'espère ne le rompra

Agnès

« Amant tout neuf » m'as-tu murmuré cette nuit

Merci de ce compliment mon bel amour étoilé

Je n'y suis cependant pour rien

C'est la chaleur de ta peau qui rend à ma peau la virginité

[d'être

C'est ta salive qui est ma balsamique eau de jouvence

Ce sont tes mains lustrales qui inventent mon corps tel un

[paysage inconnu

C'est ta si douce langue qui ressuscite mon sexe impatient

Et lorsque je conquiers les vierges grottes de tes cuisses de tes

[reins

C'est pour y enflammer ton innocence

Mon Eve mon miel mon ensorceleuse

Anne

Le jour silencieusement tombait

L'obscurité vaporeuse tissait son voile autour de nous

Devant l'icône du Christ Sauveur

La flamme de la lampadka

Faisait sa rougeur mystique

Le nimbe d'or de vos cheveux

Était la source de lumière où je me désaltérais

Vous êtes partie trop vite mais je garde

Sur mes lèvres la fugitive brûlure de votre bouche

Marie

La rumeur du jardin nous berce

Manèges gosses barbe à papa

Vagues lointaines poudre ensoleillée

Ton regard noisette vert et or posé sur moi

La paille de l'orangina entre tes lèvres

Mon Dieu faites que le temps s'arrête

Déjà tes camarades t'appellent

Et le chapiteau bleu

A l'instant où tu entres en scène

Ma bouche murmure ton nom

Vous êtes trente sur le théâtre

Mes yeux pourtant ne voient que toi

Tes seins nus sous la vaporeuse robe safran

Gisante de l'avant création

Dominique

Assis sur la banquette arrière

Nous roulions doucement vers l'Étoile

La mélancolie crépusculaire de la nuit

Avait enveloppé Paris

La pluie faisait ses reflets

Jaunes et rouges sur le macadam

Sur ta peau à la clarté de la lune

Scintillait ta chaîne d'or

Mais ta main sur la mienne ne s'est pas posée

Dominique

Ni Don Juan ni statue du Commandeur

Mais douceur de la tendresse complice

Brûlure fièvre tierce les volutes

Du haschich et des souvenirs s'enlacent

Comme le feu mêlé d'aromates

Dominique votre staretz particulier

(Paternité incestueuse sans doute)

Est tel un page à vos pieds

Dans la pièce voisine les enfants dorment

Je vous salue Marie pleine de grâce

Chantent au lointain les moines

L'été torride de nos amours soudain ressuscite

Après une si longue absence enfin le bonheur

La rue Las Cases la montagne nous sont rendus

Dehors la neige les flocons froids de l'oubli

Marie-Elisabeth

La flamme du cierge fait sa dansante prière sur ta peau

Ta nuque fraîche jaillit du pull ras-du-cou

Le Christ est ressuscité des morts

Je n'oublierai jamais cette nuit pascale

Vécue auprès de toi

J'aime tes quinze ans ton visage ta voix

Le tendre dessin de ta bouche

J'aime ta façon de parler du *Misanthrope*

Ton œil moqueur

C'est rue Soufflot dans le 89

Que je t'ai vue pour la première fois

Vendredi saint béni depuis ce jour

Le désir de ta présence ne me quitte plus

Marie-Elisabeth

L'hostilité brûle dans tes yeux

Tu songes il faut

Que ce type comprenne que je ne l'aime pas

Ça va ça va chère mademoiselle

J'ai compris depuis longtemps

Pas la peine de vous fatiguer

Nathalie a été ravie

De me mettre les points sur les i

Peut-être demain regretteras-tu

De m'avoir ainsi dédaigné

Le temps passe vite mon enfant chérie

Tu ne seras pas toujours collégienne à Hulst

Tes silences et tes mépris

T'apparaîtront dans leur clarté funèbre

Mais nous n'en sommes pas encore là

Hier c'est sans moi que tu es allée à la fête du Pont-Neuf

Et quand je me suis éloigné dans la solitude

Tes lèvres vierges ont ingénument souri

Marie-Elisabeth

Cette intempestive sonnette

C'était toi

Le désordre vide

Soudain peuplé par ta présence

Vaporeuse

Toujours ce beau regard

Flottant

Cet air d'absence qui t'enveloppe

Si longtemps tu as été ailleurs

Tu es assise sur le lit mon cœur

Chamade

Inutilement

Ma-rie-é-li-sa-beth

Que de fois mes lèvres

Ont baisé doucement ces syllabes

Evanouies

Cicatrice à jamais rebelle

Pâque sans résurrection

Ton indifférence gracieux tombeau

Marie-Elisabeth

Devant le Bouddha d'or

La flamme du cierge

Danse inutile

Je ne l'aime qu'éclairant ton corps

Caressé par ma bouche amoureuse

Je ne l'aime que projetant

Sa lueur mystique

Sur la nudité exquise de tes seins

Mon amante ma clandestine lycéenne

Je hais ces kilomètres qui nous séparent

Cet été absurde entre toi et moi

J'ai hâte de revivre tes baisers balsamiques

Les sources ombreuses de notre plaisir

L'abandon langoureux de ton être dévoilé

Marion

Le flamboyant Christ ressuscité

Perce les nuages noirs

Ciel de Tiepolo

Les rires d'Odile et de Rémy

Semblables à des perles d'eau fraîche

Contrastent avec ton timide silence

Les « grands bains Deligny » du poème de Prévert

Dont j'ai corné la page dans ton volume

Seront vides sans toi mon écolière

J'ai hâte de retrouver la saveur

De tes lèvres contre les miennes

Le parfum de ton corps délivré du maillot-boulier

Je hais cette montagne et ce Maroc

Qui t'arrachent insolemment à moi

Je hais ces semaines qui nous séparent

Cet automne sauras-tu encore mon nom mon visage

Notre premier baiser l'orage

Et les éclairs de miel sabrant

Des nuages l'indifférence cotonneuse

Elisa

Le printemps, désormais,

Aura pour moi le tendre goût

De ta bouche aux baisers de neige fondue.

Chez Smith, parmi les puddings, les vieux,

Les étrangères si jeunes et déjà ponaises,

Tu réclames une cigarette.

Ah ! être la fumée

Que ta langue vermeille enlace !

« Mon cœur bat trop vite », me souffles-tu

En riant, et moi de songer :

« Le mien bat plus vite encore d'être ainsi près de toi. »

Les nubiles flocons

Poudrent à frimas les Tuileries ;

Ta voix d'infante gavroche

Fait sa bleutée musique dans le ciel pâle.

Une orangeade sous les arcades,

Un thé au Palais-Royal,

Un diabolo à Saint-Eustache ;

Mais c'est à tes lèvres coralines

Que je me suis désaltéré,

Ta main vif argent jouait dans la mienne,

Mon pierrot lunaire, mon poète,

Ma princesse aux cheveux de petit garçon,

Mon élyséenne Elisa.

Tatiana

Autour du cercueil fleuri,

Les accents de l'oraison sépulcrale

S'élèvent tel un encens vengeur.

Nu parmi les cierges multicolores,

Le mort, le pauvre mort,

A franchi seul le funèbre gué.

Saint-Serge s'efface dans le lointain,

Ses chants mélodieux ne sont plus qu'un murmure.

Ivan Vassilievitch est sur l'autre rive,

Où le Christ, les yeux brillants de larmes,

Écrit avec son doigt sur le sable.

Te souviens-tu de Londres et de cet autre Saint-Serge,

Où pareils à deux cierges consacrés

Nous avons dansé le ballet nuptial d'Isaïe ?

Ma fiancée, ma couronne de roses et d'épines,

Je ne veux pas mourir sans t'avoir revue.

Francesca

Un jour, plus tard, beaucoup plus tard,

La radio, les journaux, t'apprendront que je suis mort.

A cette nouvelle, le visage oublié de ton amant

Flottera, incertain, devant tes yeux,

Ton corps se souviendra de notre incomparable passion,

Tes quinze ans te seront rendus,

Ta bouche sera ivre du vin perdu,

Et ton cœur se serrera, fugitivement.

POSTFACE

Agonisant sur la croix, puis lors de son ensevelissement, Jésus n'a pas cessé d'être entouré des femmes qui l'ont aimé ; il n'a pas cessé d'être bercé par leurs prières et soutenu par leur tendresse. Même après la mise au tombeau, ces femmes myrrhophores lui sont restées fidèles. « Quand le sabbat fut passé, Marie de Magdala, Marie, mère de Jacques, et Salomé achetèrent des aromates pour aller oindre le corps. » Et ce furent deux d'entre elles qui, les premières, virent le Christ ressuscité.

Tout homme sensible, lorsqu'il songe à sa mort, se demande s'il aura, lui aussi, droit à la présence des femmes qu'il a aimées et qui l'ont aimé. Il lui semble que s'il pouvait, tel le prince André dans *Guerre et Paix*, connaître au chevet de son lit de mort la présence paisible de Natacha, ses souffrances seraient allégées, et ses fautes, d'une certaine manière, rachetées.

Entre Natacha et le prince André, il y a eu des infidélités, des ruptures ; il y a eu le diable, qui est celui qui sépare les gens qui s'aiment. Mais aujourd'hui le prince André va mourir, et Natacha est là, auprès de lui. Tout est effacé, tout est pardonné. Ils s'aiment comme à l'aurore de leur amour. Le prince André est en agonie et murmure à Natacha, tendrement penchée sur lui : « Personne comme vous ne me donne ce doux apaisement, cette clarté. Je voudrais pleurer de joie. »

J'ai eu, en 1979, une liaison, brève mais intense, avec une jeune élève d'un cours d'art dramatique. Elle s'appelait Christine, et j'étais tombé amoureux d'elle en la voyant, lors d'une audition, jouer la scène du *Dom Juan* de Molière, où Elvire supplie son amant de changer de vie. « Je vous ai aimé avec une tendresse extrême, rien au monde ne m'a été si cher que vous... » Je dactylographiais alors le manuscrit de *Vénus et Junon*, et si j'ai placé en épigraphe à ce livre la tirade d'Elvire, ce fut grâce à Christine qui, en la disant, exprimait avec une émotion et un accent bouleversants ce qu'il y a de plus profond dans le génie de l'amour féminin : la compassion, le don de soi, le souci du salut de l'autre.

Certes, les hommes connaissent le coup de foudre ; ils ont l'expérience de l'amour fou. Les principes sur lesquels se fonde leur vie galante n'en sont pas moins l'égoïsme et la lâcheté. Nous voulons ne renoncer à rien, et gagner sur tous les tableaux. Selon le métropolite Philarète de Moscou, Dieu est l'amour « qui crucifie et qui est crucifié ». Les hommes répugnent à cette dimension sacrificielle de l'amour, et ils ne la vivent que rarement. Les femmes ont sur ce point plus de générosité que nous, et aussi plus d'audace. Cette « tendresse extrême » dont parle Elvire, et qui est l'oblation de soi, est-ce parce qu'elles ne la rencontrent jamais chez les hommes, que tant de femmes préfèrent s'aimer entre elles ?

Aux obsèques de Drieu La Rochelle, il y avait, paraît-il, peu d'amis, peu de « fidèles lecteurs », mais en revanche beaucoup de ses anciennes jeunes amoureuses. De la vie et de la mort de Drieu, c'est ce trait (vrai ou faux) qui me touche le plus. Et moi, comment mourrai-je ? A l'heure terrible où s'ouvriront pour moi les portes de la miséricorde, quelle Natacha, quelle Elvire, accourue du fond de la longue absence, me tiendra-t-elle par la main ?

TABLE

L'impression de ce livre
a été réalisée sur les presses
des Imprimeries Aubin
à Poitiers/Ligugé

pour les Éditions de la Table Ronde

Achevé d'imprimer le 20 septembre 1984
Nº d'édition, 2198 — Nº d'impression, L 16860
Dépôt légal, octobre 1984

ISBN 2-7103-0199-7

Imprimé en France